COCHIN. INV. SC.

LES NYMPHES DE DIANE,

OPERA COMIQUE

Du Sr. FAVART.

Repréſenté pour la premiere fois le premier de Juin 1747. ſur le grand Theâtre de Bruxelles.

Par les Comediens de S. A. S. MONSEIGNEUR LE COMTE DE SAXE, Marechal Géneral des Camps & Armées du ROY, & Commandant géneral des Pays-Bas.

Le Prix eſt de trois livres avec tous les Airs notés

M. D. CC. XLVIII.

ACTEURS.

SEVERINE, Grande Prêtresse de Diane, *Mlle Durancy.*

CYANE, Confidente de Severine, *Mlle Danctaire.*

EGLE', Nymphe, *Mlle Jacmont.*

THEMIRE, *Mlle Chantilli.*

L'AMOUR, *la petite Evrard.*

AGENOR, Amant de Thémire. *le Sr Durancy.*

CLITON, Valet d'Agenor, *le Sr Lecluse.*

UN SATYRE, *le Sr Rebours.*

LA NYMPHE GANGAN, *le Sr Alexandre.*

CHOEUR de Nymphes.

TROUPE de Bergers & de Satyres.

LES NYMPHES DE DIANE.

Le Theâtre represente la Forêt de Diane, on voit dans le fond la Statuë de la Déesse sous un espece de Temple en rotonde orné des attributs de la Chasse & surmonté d'un croissant ; au-devant est un Autel triangulaire pour le Sacrifice.

SCENE PREMIERE.

AGENOR, CLITON.

CLITON.

AH ! Seigneur Agenor, enfin je vous revois.

AGENOR.

As-tu fait quelque découverte ?

CLITON.

Oui, mais j'ai bien peur qu'en ces Bois
Vous ne courriez à votre perte.

AIR : N°. 1. *Vous n'êtes pas égaux en âge.*

Puiſque le hazard nous raſſemble,
Seigneur, ne nous ſeparons plus.
Par tout des pieges ſont tendus;
Mafoi, je tremble
De vous voir pris comme un Renard,
Au traquenard.

AIR : N°. 2. *Le fameux Diogene.*

Les Nymphes de Diane
De l'abord d'un profane
Défendent ces Forêts :
Gardez vous de paroître,
Vous pourriez mon cher Maître,
Succomber ſous leurs traits.

AIR : N°. 3. *C'eſt ce qu'on ne voit guere.*

AGENOR.

Je cede à l'ardeur qui m'inſpire,

CLITON.

Vous vous enflâmez pour Themire
Sur le recit de ſes apas,
Vous bravez ici le trépas.

AGENOR.

Je cherche un Cœur naïf, ſinçere,
Qu'Amour n'ait point ſoûmis encor,
Et Themire m'offre un tréſor,
Que l'on ne trouve guere.

Par un effet de mon bonheur,
Dans ces Boſquets, errant à l'avanture,
A travers un taillis, ſur un banc de verdure,
Je viens de voir cet objet enchanteur;
Rien n'eſt ſi beau dans la nature!
Et je renonce au jour ſi je n'obtiens ſon Cœur.
Elle étoit avec la Prêtreſſe
Qui lui prêchoit un farouche devoir:
On veut la conſacrer à la chaſte Déeſſe,
C'eſt aujourd'hui qu'on doit la recevoir,
Et je ſens naître un doux eſpoir.

AIR : N°. 4. *Tout cela m'eſt indifferent.*

Diane veut regner par choix,
Et qu'on ſoit digne de ſes Loix:
D'une Nymphe qui veut les ſuivre,
Un Amant doit tenter le Cœur.
Si la Nymphe à l'amour ſe livre,
Elle apartient à ſon vainqueur

AIR : No. 5. *Vous qui du Vulgaire ſtupide.*

En ce jour, Thémire s'apprête
A ſubir l'épreuve à ſon tour ;
Je pourrai ſans que rien m'arrête
Obtenir un heureux retour.
De mes feux, ſi quelque éteincelle.
Fait paſſer la flâme en ſon Cœur ;
L'Amour nous couvre de ſon aîle,
Rien ne s'oppoſe à mon bonheur.

CLITON.

Pour moi, ſans prendre tant de peine,
D'un heureux deſtin je jouïs.

AGENOR.

As-tu vu quelque Nymphe?

CLITON.

Une demi douzaine.
Mes yeux de leurs attraits ſont encore éblouïs.

AIR : No. 6. *Ouï, Thomas n'eſt qu'un franc Vaurien.*

La douce fleur de leur tein.
A la fraicheur du matin ;
La Roze qui vient d'éclore
D'un moindre éclat ſe colore ;

Quand je me retrace encore
Leur blancheur... l'embonpoint qui les décore...
Je voudrois être un Papillon leger,
Sur ces Lis, où j'irois fourager,
J'aimerois à voltiger.

À l'abri d'un feuillage épais,
Ces Nymphes badinoient au bord d'une Fontaine;
J'avance plein d'ardeur, pour les voir de plus près,
Mais trop d'empreſſement, un ſoupir que je fais
Rend ma curioſité vaine.
On m'apperçoit, comme un Cerf auſſi-tôt
Je me vois pourſuivi, tayaut, tayaut, tayaut.

AIR : N°. 7. *L'occaſion fait le larron.*

Je ſuis tombé de fatigue, hors d'haleine,
Déja ſur moi, le dard étoit levé;
Tout m'annonçoit une perte certaine,
Quand ma figure ma ſauvé.

De plus doux mouvement que mes traits leur inſpirent
Au trépas viennent m'arracher,
Elles plaignent mon ſort, ſe regardent, ſoupirent,
Et finiſſent par me lacher.
La plus jeune, encore moins cruelle,
M'a dit tout bas qu'elle alloit me chercher,
Les habits d'une Nymphe afin de me cacher,

Si je voulois demeurer avec elle.
Je l'attens.

AGENOR.

Obtiens en ce jour :
Qu'en ma faveur, elle parle à Themire,
Tout mon repos. . . . .

CLITON.

Tôt tôt, qu'on se retire;

AGENOR.

C'est la Prêtresse.

CLITON.

O Ciel! fuyons par ce détour.

SCENE II.

SEVERINE, CYANE.

CYANE.

QU'avez-vous Severine ? un sombre ennui vous presse,
Qui peut attrister en ce jour,
Nôtre Souveraine Prêtresse ?
Seroit-ce par hazard l'Amour;

AIR : No. 8. *Ah mon mal ne vient que d'aimer.*

Sans cesse il rode autour de nous. (*bis.*)
Helas, auroit-il contre vous,
Exercé sa furie ?

SEVERINE.

L'Amour ! Oh je crains peu ses coups,
Je suis trop aguerrie.

CYANE.

Songez, songez que le méchant,
De nous perdre, guette l'instant.
A toute heure il nous assiége,
Et nous trouvons fort souvent,
Des Satyres pris au piége.

SEVERINE.

Contre tant d'ennemis, Diane nous défend;
Mais la tristesse où se plonge Themire,
Me cause un embaras cruel.
Depuis un mois, elle rêve, soupire.

CYANE.

Je n'y vois rien que de fort naturel :
Themire à quinze ans, à cet âge,
De son Cœur on cherche l'usage.

AIR : N.o 9. *Si ma Philis vient en Vandange.*

A peine la tendre Fauvette
Du Printems chante le retour,
Qu'on ſent un feu naiſſant, une langueur ſecrette,
Et qu'avec l'air, on reſpire l'Amour.

Je crains d'en voir l'effet, malgré vôtre morale.
Ce grand jour eſt marqué pour l'épreuve fatale,
Themire pourra s'attendrir.

SEVERINE.

C'eſt s'allarmer envain ; quoi, ma chere Cyane,
Tout Nymphe qui vient s'offrir
Pour conſacrer ſes jours aux Autels de Diane,
N'a t'elle pas cette épreuve à ſouffrir ?
On la pare, on lui donne une fête galante,
Suivant l'uſage, un amant lui préſente
Des fleurs quelle doit rejetter ;
En vain le ſeducteur étale ſon martire,
On le rebute, il ſe retire,
L'Amour dans un inſtant eſt-il à redouter.

CYANE.

Mais un inſtant ſuffit.

SEVERINE.

Je crains peu pour Themire ;

Dès sa plus tendre enfance élevée en ces lieux,
Elle ignore l'Amour & les feux qu'il inspire,
Aucun homme jamais ne s'offrit à ses yeux.

CYANE.

Tampis, si j'ose vous le dire,
Le Cœur est prompt à faire un choix,
Quand on voit un Amant pour la premiere fois.

AIR : No. 10. *Que je suis à plaindre en cette débauche.*

De l'astre du jour, l'aspect favorable,
Fait ouvrir une tendre fleur:
De même l'aspect d'un Amant aimable,
Fait épanouïr un jeune Cœur.

C'est dans l'âge innocent que naissent les desirs.
Desirs de quoi? de gouter des plaisirs
D'autant plus doux qu'on les ignore.
Ces desirs curieux enfans de nos loisirs,
De nos ans dévancent l'Aurore,
Le Cœur s'instruit par ses soûpirs.
Dans l'ame de Themire il n'est pas jour encore;
Mais l'Amour pas à pas y porte le flambeau,
Imperceptiblement il leve le rideau,
La nuit des préjugés que la Sagesse implore,
Va fuir à cet éclat nouveau.

SEVERINE.

Vous faites là, Cyane, un fort joli Tableau.

CYANE.

Themire vient sa langueur la dévore.

SCENE III.

THEMIRE, SEVERINE, CYANE.

THEMIRE, *se croyant seule.*

AIR : No. 11. *J'ignorois mon tein ma taille.*

Que je me trouve ignorante
Depuis que je touche à quinze ans !
Que je suis impatiente
De tout apprendre ce Printems !
De cette stupide innocence,
Pourquoi me faire un devoir ?
Mon Cœur me dit qu'il est une science
Qui pouroit combler mon espoir.

Sur les yeux avois-je un bandeau !
Tout m'offre un spectacle nouveau:
Les Oyseaux ont un badinage
Qui n'avoit point encor frapé mes sens,

Le Roſſignol par ſes accens
Interroge mon Cœur, l'affecte d'avantage.

AIR : N°. 12. *Quoi Maman faut-il encore.*

Lors que je trouve une Roze
A demi cloſe,
J'ouvre ſon ſein;
Je l'effeüille ſans deſſein,
Je rêve, & n'en ſais point la cauſe.

CYANE, *à part.*

A ſon Cœur, dans ce ſéjour,
Tout peint l'Amour,
Tout n'eſt qu'Amour.

THEMIRE.

Enfin, juſqu'à la moindre choſe,
Tout me fait refléchir avec attention,
Tout me cauſe une émotion....

AIR : N°. 13. *Bacchus diſoit pour m'exciter à boire.*

Que dis-je ! helas, je m'ignore moi-même,
Je me ſurprends en pouſſant des ſoûpirs,
Je ſens.. je ſens une langueur extrême,
Et je ne ſais ou tendent mes deſirs.

SEVERINE.

A quoi pensez-vous là.

THEMIRE, *surprise.*

Ma bonne...

SEVERINE.

Vous rougissez.

THEMIRE.

Je n'en sai rien.

CYANE.

Elle fait avec elle un petit entretien,
Qu'aisement je soupçonne.

THEMIRE.

Eh.. mais... Je répetois...

SEVERINE.

He bien?

THEMIRE.

Je repetois les mots que tantôt je dois dire,
En refusant les fleurs qu'un Amant m'offrira.

SEVERINE.

Vous en souvenez-vous? voyons, voyons, Themire.

De quel ton vous direz cela.

THEMIRE, *d'un ton ferme.*

AIR : No. 14. *Bouchez Nayades vos Fontaines.*

Perfide Amant que je déteste,
Porte ailleurs ton présent funeste.
Cruel Amour dont les bien-faits
N'offrent qu'un affreux esclavage,
Mon Cœur, mon Cœur brave tes traits,
N'esperes pas que je m'engage.

SEVERINE.

Fort bien.

THEMIRE.

Dites moi, je vous prie,
Ce que tout cela signifie.

AIR : No. 15. *Je suis pour les Dames moy.*

Qu'est-ce qu'amour ? je cherche à le comprendre;
Daignez donc m'éclairer.

SEVERINE.

Vous me priez en vain de vous l'apprendre,
Vous devez l'ignorer.

THEMIRE, *à Cyane.*

Ma chere Sœur, rendez moi ce service,

CYANE.

Je ſuis trop Novice,
Moi
Je ſuis trop Novice.

SEVERINE.

AIR : No. 16. *Pour voir un peu comment ça ſ'ra.*

Il faut le craindre, il faut le fuir,
Sans deſirer de le connoître,

THEMIRE.

Comment pouvoir s'en garantir,
En ignorant ce qu'il peut être ?
Car il faut bien, pour cet effet,
Sçavoir du moins comme il eſt fait.

SEVERINE.

Connoiſſez-le dans ce Portrait:

AIR : No. 17. *Agnés qu'auparavant.*

C'eſt le Tiran des Cœurs,
Un traître, un parjure,
Qui rit de nos douleurs,
Se nourit de pleurs.
Pour aſſurer ſes coups,

D'abord, il s'offre à nous
Sous la figure
D'un Enfant ſimple & doux;
La pitié nous ſurprend,
Le Cœur s'ouvre, ou ſe rend,
Et dans le même inſtant
Le cruel ſe change en Serpent.

THEMIRE.

Vous cherchez à m'épouventer.

CYANE.

On peut encor ſe le repréſenter.

AIR : No. 18. *Je ne ſais ce qu'il me veut dire.*

Ainſi qu'un Papillon volage,
Qui brille de l'émail des fleurs;
Mais ce rare & vif aſſemblage
Des plus éclatantes couleurs,
Nous voile une Chenille affreuſe,
Dont la piquure eſt dangereuſe.

THEMIRE.

Ah, que vous me rendez peureuſe!
Je ne cours de ma vie après un Papillon.

SEVERINE.

L'Amour perce le Cœur des credules fillettes
Comme l'Abeille les fleurettes.

THEMIRE.

Comme l'Abeille, a-t'il un éguillon?
Cet Amour eſt donc bien terrible!
Mais qu'eſt-ce qu'un Amant ma Sœur?

CYANE.

Ah c'eſt un monſtre horrible
Suſcité par l'Amour pour nous ravir l'honneur.

THEMIRE.

AIR: N°. 19. *Pour Heritage.*

Daignez me dire
Ce que c'eſt que l'honneur.

SEVERINE.

Il fait, Themire,
Nôtre unique bonheur.

THEMIRE.

Mais, qu'eſt-ce donc?

SEVERINE.

Un tréſor qu'on envie.

THEMIRE.

Je n'eus de trésor de ma vie.
Où le trouve t-on ?

SEVERINE.

AIR : No. 20. *Si c'est un honneur de boire.*

Dans le Cœur, jeune Themire,
L'honneur est clos & scellé ;
Mais il est, si j'ose dire,
Comme en un vaisseau felé :
Le Cœur est comme l'argile,
Et le moindre petit choc,
Toc,
Fait Brêche au vase fragile.

THEMIRE.

L'honneur . . .

SEVERINE.

Est évanouï.

CYANE.

Ouï.

Dès qu'un Amant par malheur,
De quelque Nymphe s'empare . . .

THEMIRE.

Hé bien?

CYANE.

Hé bien . . . le Barbare . . .
Vous frissonneriez d'horreur.

THEMIRE.

AIR : No. 21. *Est-c'que ça se demande.*

Que lui fait-il ce méchant là,
Ce traître, que j'abhorre?
La bat-il?

CYANE.

C'est peu que cela;

THEMIRE.

Est-ce qu'il la dévore?

CYANE.

C'est pis cent fois, ah j'en fremis!

THEMIRE.

Ah! que je l'apprehende;
Mais que peut-il faire de pis?

SEVERINE.

Est-c' que ça se demande.

CYANE.

AIR : No. 22. *De necessité necessitante.*

Le Fripon l'embrasse avec tendresse,
Et lui fait caresse sur caresse ;
Rien n'est plus affreux dans la nature !

THEMIRE.

Mais je ne fremis point, je vous jure.

SEVERINE, *à Cyane.*

O Ciel ! que lui dites vous ? *(à Themire.)*
Ecoutez, écoutez-nous :

AIR : No. 23. *Eh tant tant tant.*

Ces caresses la sont la cause
D'une langueur qui nous surprend ;
D'une vile métamorphose,
Nous sentons l'effet à l'instant.
Un exemple je vous expose :
Le Zephir caresse une Roze,
Et tant tant tant tant tant tant tant,
Qu'elle tombe à peine éclose,
De nous, l'amour en fait autant.

AIR : No. 24. *Dans un Couvent bienheureux.*

C'est dans cet asile heureux,

Que vous vivrez ſans allarmes,
Hors d'atteinte de ſes charmes,
Et de ſes traits dangereux.
C'eſt au ſein de la retraite,
Que l'honneur eſt afermi;
On n'évite ſa défaite,
Qu'en-évitant l'ennemi.

THEMIRE.

AIR : No. 25. *Tout roule aujourd'hui dans le monde.*

La Gloire éclate d'avantage
A le vaincre, qu'à l'éviter;
Contre un méchant qui nous outrage,
Que vous venez de m'exciter!
J'irai, ſi j'en crois mon courage,
Le combatre & le ſurmonter.

SCENE IV.

EGLE', CYANE, SEVERINE, THEMIRE.

EGLE', *accourant eſſouflée.*

AIR : No. 26. *Margoton ma Mie.*

Oh Dieux quel eſclandre!
Quel dereglement!

J'accours ici promptement
Pour vous... pour vous... pour vous apprendre
Que l'on vient en ce moment,
De reconnoître un Amant.

SEVERINE.

Un Amant !

CYANE.

Un Amant !

THEMIRE.

Un Amant !

EGLE'.

Ouï Prêtresse,
Et vous m'en voyez hors de moi.
La Nymphe Gangan dont l'emploi
Est de veiller sur la jeunesse,
A gagné le rhume d'effroi.

AIR : No. 27. *Dans un Bosquet près du Hameau.*

Comme elle est toûjours aux aguets,
En passant près de ces Bosquets,
Elle vient d'entendre
Certains discours tendre,
Discours d'Amour,

Et qui lui font comprendre
Qu'en ce séjour,
L'Amour tient sa Cour.

AIR : No. 28. *Je ne sais pas écrire.*

Elle entre dans ce lieu suspect,
Deux Nymphes, zeste, à son aspect,
S'esquivent sans l'attendre;
La Vieille, d'esprit avisé,
Soupçonne un Amant déguisé.

SEVERINE.

Ciel, que vient-on m'apprendre!

EGLE'

AIR : No. 29. *Jou' jou' jou' tant que tu voudras.*

Pour mieux dévoiler
Ce mystere d'importance,
On fait assembler
Les Nymphes en diligence.
A faire trembler,
Nôtre vieille se courousse,
Hou hou hou, hou hou hou hou;
Au lieu de parler,
Pendant une heure elle tousse,

Hou

Hou hou hou hou hou hou hou.
Enfin elle dit
Ces mots, dont l'honneur fremit:

AIR : N°. 30. *Belle Chanoinesse.*

Quelque Nymphe écoute
Ces Amans maudits,
Et sous de trompeurs habits,
Est un Loup, sans doute,
Parmi nos Brebis.

AIR : N°. 31. *Une à une deux à deux.*

Nous saurons le fait à l'instant,
Acheve t'elle en tremblotant.
Toutes baissant la vuë,
Nous passons en revuë;
Une à une, deux à deux, on nous compte,
Pour nous quelle honte!
Et sur nous,
La vieille en couroux,
Ferme les Verroux.

AIR : N°. 32. *Dormir est un tems perdu.*

Nous nous rangeons sous ses yeux,
Surprises, muëttes,
Et ses regards curieux,
Font des recherches complettes;

Elle reconnoît l'Amant,
Culbute d'étonnement,
Et casse ses Lunettes.

SEVERINE.

O scandale ! ô comble d'horreur !
Un homme étoit caché sous un voile imposteur!

EGLE'.

A son sujet, on chuchotte, on raisonne,
On se pousse, on regarde avec empressement,
Les vieilles au Cœur dur veulent son châtiment,
Et les jeunes qu'on lui pardonne;
Aussi fait-il pitié, ma bonne,
Qu'on le banisse seulement.

SEVERINE.

Qu'entens-je ! ô Ciel ! je veux.... j'ordonne,
Qu'à l'instant il soit enchainé,
Et qu'à l'Autel il soit trainé.

EGLE'.

Helas!

SEVERINE.

Vous le plaignez? sortez de ma présence,
Et vous Cyane, allez, que la Fête commence,

SCENE V.

SEVERINE, THEMIRE.

THEMIRE.

Vous avez fort bien ordonné :
Pour un méchant, n'ayons point d'indulgence.

AIR : N°. 33. *Où est vous Birêne mon Ami.*

On fera bien de garder cet Amant.

SEVERINE.

Ce sentiment, n'a rien qui ne me plaise.

THEMIRE.

On fera bien, ma bonne, assurement;
Car je pourrai le voir tout à mon aise.

AIR : N°. 34. *Non je ne ferai pas.*

Je cours interroger mes compagnes fideles,
Cet Amant travesti demeuroit avec elles;
De son malin vouloir je connoîtrai l'effet,
Et je saurai bien-tôt quel mal il leur a fait.

SEVERINE.

AIR : N°. 35. *Ce qui n'est qu'enflure.*

Un tel desir n'est pas bien.

THEMIRE.

En quoi peut-il nuire ?
Ne saurai-je jamais rien ?
Moi, qui veux m'instruire. *(Bis)*

SEVERINE.

AIR : N°. 36. *Mon petit doigt me la dit.*

Préparez-vous pour la fête,
Déja la Victime est prête,
Elle vient, retirons nous.
Tremblez d'offencer Diane
En regardant un profane,
A mes Conseils, livrez-vous.

SCENE VI.

*La Vieille amène Cliton enchainé & l'attache à l'Autel de Diane, les jeunes Nymphes le suivent en le plaignant, la Vieille les chasse & va les renfermer. Toute cette Scene est Pantomime sur l'*AIR : N°. 37. *Pour Directeur d'oresnavant.*

SCENE VII.

CLITON, *enchaîné à l'Autel.*

AIR : N°. 38. *M. la Palice est mort.*

HElas de quel triste sort
Ma chance est-elle suivie !
L'Amour va causer ma mort,
Lui qui donne à tout la vie.

SCENE VIII.

CLITON, UN SATYRE.

LE SATIRE.

AIR : N°. 39. *Un Cordelier d'une riche encolure.*

DE ces Forêts, j'ai penétre l'enceinte,
Avançons sans crainte,
Amour, rends heureux
Un Satyre amoureux.
Je viens de voir
Certain troupeau de Filles :
Quelles sont Gentilles !

Tâchons d'en avoir
Quelqu'une en mon pouvoir.

CLITON.

AIR : N°. 40. *Des gris vêtus.*

A mon ſecours,
Satyre aimable,
Ah, ſauvez les jours
D'un pauvre Diable,
Qu'on veut égorger
Pour ſe venger.

LE SATYRE.

A ton minois,
Fin & ſournois,
Tu me parois un croqueur de Fillettes;
En ce ſéjour,
A nos Nymphes doüillettes,
Ta gentilleſſe a joüée plus d'un tour.

CLITON.

Hélas, hélas, c'eſt le contraire:
Malgré moi, j'ai trop ſçu leur plaire,
Et toutes m'ont requis d'Amour;
Mais ma pudeur
M'en fait ſcrupule,

Leur fatale ardeur
Va m'en punir,
Je vais perir.

LE SATYRE.

Que ta crainte est ridicule!

CLITON.

J'aime mieux la mort.

LE SATYRE.

Pauvre Butord!
Sois sans effroi,
Compte sur moi,
Aux Nymphes, je vais m'offrir pour toi.
Quel doux espoir!
Déja je brule
De les voir.

AIR : N°. 41. *Buvons, Frere, buvons.*

Je sens un feu subit.

CLITON.

Chaque Nymphe est humaine,
& d'un tendre accabit.

LE SATYRE.

Morbleu, la bonne aubaine!

Donné moi cet habit,

CLITON.

Très volontiers, fort volontiers Compère.
C,a le voilà.
Mettez-vous là.
Vous êtes fait pour plaire.

LE SATYRE.

AIR : No. 42. *Je vous la gringole.*

Je n'aime point à demi.

CLITON.

Le bel avantage !

LE SATYRE.

Je ne ferai point endormi.

CLITON.

Il vous faut du courage,
Les Nymphes vont mon bel ami,
Vous tailler de l'ouvrage.

LE SATYRE.

AIR : No. 43. *Maris voulez-vous fuir l'affront.*

Leur nombre ne me fait point peur ;

Toi,

Toi, dont le Cœur eſt de glace,
Sauve toi, ſans perdre de tems;
Je les attends,
A ta place.
N'en dis, chetif marmot,
Mot:
Tôt, qu'on s'abſente.
Je voudrois qu'il en vint,
Vingt,
Trente,
Quarante.

CLITON.

AIR : N°. 44. *Par bonheur ou par malheur.*

Songez à vous bien tenir,
Adieu, je les vois venir. *(il s'enfuit.)*

LE SATYRE.

Câchons nous, pour les ſurprendre,
Et ne diſons rien d'abord,
Il eſt apropos d'attendre,
Ah! pour moi, quel heureux ſort!

(Il ſe cache le viſage avec ſa Robe.)

SCENE IX.

ENTRE'E DE NYMPHES.

AIR : No. 45. *Nous vivons dans l'Innocence.*

UNE NYMPHE parée danse l'Air de la Volupté de Rameau & le Tambourin de Jephté, que les autres Nymphes reprennent en Chœur, elles finissent en se rangeant sur deux lignes aux côtez de l'Autel.

SCENE X.

THEMIRE *Parée*, SEVERINE, ET LES PRECEDENTS.

SEVERINE, *à Themire.*

AIR : No. 46. *Oui je veux aimer.*

CRaignez du méchant,
Le noir penchant;
Songez, songez à resister,
Un perfide Amant,
En ce moment,
S'apprête à vous tenter,
Il faut rejetter
Sans héziter,

Tout ce qu'il va vous présenter;
En recevant,
Fille, souvent,
Se vend.

D'aucun mot, du moindre geste,
Ne flatez un audacieux:
Son entretien seroit funeste:
Observez un air modeste,
Et baissez toujours les yeux;
Un simple regard,
Met l'honneur au hazard.

Jamais l'ennemi
N'est endormi,
Il n'est point cruel à demi;
Il faut qu'aujourd'hui,
Sans nôtre apui,
Vous triomphiez de lui.
Evitez les fers
De ce pervers;
Si non, pour jamais, je vous perds.
Ma chere Enfant,
Tout, d'un instant,
Dépend.

SCENE XI.

AGENOR, THEMIRE, SEVERINE, LE SATYRE, NYMPHES.

Une Simphonie de Flutes annonce Agenor, il est suivi de deux Esclaves qui portent une Corbeille de Fleurs & qui sortent après l'avoir posée vis-à-vis de l'Autel, Agenor prend un Bouquet & s'avance vers Themire.

AGENOR.

Au son flateur de la voix d'un Amant, Themire leve les yeux peu à peu, se trouble & dans son émotion reçoit le Bouquet que lui présente Agenor.

AIR : No. 47. *Petit Oyseaux.*

SUr un Amant, levez les yeux;
Prenez ces Fleurs, belle Themire;
C'est l'Amour même qui m'inspire,
Lui seul m'amène dans ces lieux:
En vous j'adore son image;
Soumettez-vous à ce charmant vainqueur,
Il est dans vos regards, qu'il soit dans vôtre Cœur,
Au nom d'un Dieu si doux, acceptez mon homage.

SEVERINE, *bas, faisant signe à Themire.*

Que fait-elle! Themire ... ô funestes effets!

THEMIRE, *en attachant le Bouquet à son côté sans savoir ce qu'elle fait.*

AIR : N°. 15. *Bouchez Nayades.*

Perfide Amant que je deteste,
Porte ailleurs ton présent funeste.
Cruel Amour dont les bienfaits,
N'offrent qu'un affreux esclavage,
Mon Cœur... mon Cœur... brave tes traits...

Son émotion ne lui permet pas d'achever.

SEVERINE, *bas à Themire.*

Ce vers se dit sans chanter.

Achevez donc ... après,

Elle chante ce vers sur la fin de l'air précedent.

N'espere pas que je m'engage.

Jettez ces fleurs.

THEMIRE *détâche le Bouquet, le laisse tomber négligemment & dit sur le ton du dernier vers du Couplet précedent.*

Ouï ... je m'engage.

SEVERINE.

Fort bien, nous avons l'avantage.
Amant audacieux va loin de ces forêts,
Bruler d'un ardeur sacrilege,

Va, fuis, & ne tente jamais
D'empoisonner des Cœurs où reside la Paix,
Et que la Déesse protege.

AIR : No. 48. *Contre un engagement.*

Tu vois quel est le prix,
De ta profane envie;
De honte & de mépris,
T'on audace est suivie;
Themire t'est ravie.

AGENOR, *à part.*

Espoir trop seduisant!
Le bonheur de ma vie
N'a duré qu'un instant.

SCENE XII.

SEVERINE, THEMIRE, LES NYMPHES, LE SATYRE.

THEMIRE *suit des yeux Agenor & se retournant vers Severine, lui dit avec chagrin :*

HElas, pourquoi m'avoir trompée?
Si les Amans sont tels, ils ne sont point horreur.

SEVERINE, *d'un Air de Confidence.*

On ne vous trompe point; mais vôtre ame frapée
N'auroit pu soûtenir leur excès de laideur,
Et pour vour épargner leur funeste présence,
Qui vous eût fait mourir de peur...
(Vous devez bien avoir de la reconnoissance)
(à part) Tournons la chose prudemment.
(haut) Une Nymphe à tenu la place d'un Amant.

THEMIRE.

Une Nymphe! une Nymphe! ah, que j'en suis ravie!

AIR: No. 49. *Permettez le moi Pere.*

J'en veux faire ma bonne amie,
Je l'aimerai toute ma vie,
Que son air est doux & touchant!
Que j'ai pour elle de penchant!
De l'aimer, de lui plaire,
Je me fais une Loi;
Permettez le, ma Mere,
Permettez le moi.

Tenez, je vous promets qu'elle me cherira,
Jamais, elle ne se plaindra,
Qu'à ses vœux je serai contraire,
Ouï, je voudrai tout ce qu'elle voudra;
Courons donc la chercher,

SEVERINE.

Oh, nous verrons celà?

AIR : No. 50. *Je n' le f'rai plus.*

Voilà le Voile & le Carquois.
Ne ſongez qu'à ſuivre nos Loix.
Déja Diane eſt en colere,
De vos diſcours, de vos refus.

THEMIRE.

Helas, helas, pardon, ma Mere,
Je n' le f'rai plus, je n' le f'rai plus.

SEVERINE.

AIR : No. 51. *Revenant de Lorette.*

Oh puiſſante Déeſſe,
Aſſurez ſon bonheur;
Daignez, daignez ſans ceſſe,
Proteger ſon honneur.

De Diane implorons la faveur,
Qu'elle nous ſoit propice;
De Diane implorons la faveur,
Pour garder nôtre Cœur.
Faiſons le Sacrifice,
(*montrant le Satyre*) Que ce monſtre periſſe,

Que

Que l'honneur outragé
Soit à l'inſtant vangé.

LE SATYRE.

AIR : N°. 52. *Oh ricandaine ricandon.*

Arretez, arretez-vous donc,
Oh ricandaine ricandon !
Mes Dames, je conſens à tout,
Je vous trouve fort de mon goût,
Ricandaine,
Je vous offre un Amour ſans fard ;
Je ne ſuis point ce ſot Caffard,
Qui pour vous n'avoit nul égard ;
Mettez ces armes à l'écart ;
Car,
Je vous ſatisferai,
Oh ricandaine,
Oüi, je vous aimerai,
Oh ricandé.

SEVERINE.

AIR : N°. 53. *On n'aime point dans nos Forêts.*

Qu'eſt-ce que le perfide entend !

LE SATYRE.

Je ne demande qu'à vous plaire.

THEMIRE.

Il ne paroît pas si méchant.

SEVERINE, *à Themire.*

Je vous ordonne de vous taire.

THEMIRE.

Ah pourquoi le faire mourir!
Il dit qu'il nous fera plaisir.

LE SATYRE.

AIR : N°. 54. *Ecoutez ma leçon Forgeron de Cythere.*

Je ne recule pas
Comme cet autre Sire.

SEVERINE.

Pour lui tu patiras.

LE SATYRE.

Je suis un bon Satyre.

SEVERINE, *aux Nymphes.*

Frapez, frapez, frapez fort,
Qu'est-ce qu'il nous veut dire!

Frapez, ſrapez, frapez fort,
Terminons ſon ſort.

LE SATYRE.

AIR : N°. 55. *Ah ah ah venez-y toutes.*

Pour vous, Nymphes gentilles,
Mon Amour eſt ma Foi,
D'un bon aloi.
J'aime à ſervir les filles,
Donnez-moi de l'emploi,
Ah ah ah ah, venez-y toutes,
Je leverai bien-tôt vos doutes,
Fiez-vous à moi.

AIR : N°. 56. *La mirtanplain.*

Je ſuis votre vrai bâlot,
Mes Nymphes charmantes;
Vous pouvez me prendre au mot,
La mirtamplain, lantourelaribot,
Vous ſerez contentes,
Parfaitement contentes.

SEVERINE.

AIR : *Refrein du* N°. 54.

Frapez, frapez, frapez fort,

Il eſt tems qu'il expire.

Avec le Cœur des Nymphes.

Frapez, frapez, frapez fort,
Terminons ſon ſort.

LE SATYRE.

Ahi ahi ahi ahi, c'en eſt fait, je ſuis mort.

Comme on eſt prêt à ſacrifier le Satyre, on entend un Cor de Chaſſe, Eglê paroît.

SCENE XIII.

LES PRECEDENTS, EGLE'.

EGLE'.

AIR : No. 57. *Aux armes camarades.*

COurons, courons aux armes,
Pour troubler nôtre Paix,
L'Amour eſt dans nos Forêts.
Courons, courons aux armes,
Sur l'Amour épuiſons nos traits.

AIR : No. 58. *Oh oh oh devinez ce qu'il s'en ſuit.*

Vers nous je l'ai vû s'avancer,
Songeons vite à le repouſſer.

Il vient ici pour nous surprendre;
Mais gardons-nous bien de l'attendre,
S'il nous porte les premiers coups,
Ah ah ah, pour jamais c'est fait de nous.

SEVERINE.

AIR : N°. 59. *A la chasse, à la chasse.*

Armons-nous d'une noble audace,
A la chasse, à la chasse, à la chasse,
Qu'on tende des paneaux, des filets:
Poursuivons l'Amour à la trace,
Et qu'il tombe aujourd'hui dans nos rêts.

(*Le Cor de Chasse acheve l'Air.*)

CHOEUR DE NYMPHES.

AIR : *Fin du* N°. 57.

Prenons prenons les armes,
Sur l'Amour épuisons nos traits.

SEVERINE, *à Cyane.*

Je cours où le peril nous presse,
Avec Themire je vous laisse,
Conduisez la bien vite en lieu de sureté.

THEMIRE, *à Severine qui sort avec les Nymphes.*

Ma bonne, envoyez-moi cette Nymphe si belle,
Je n'aurai point peur avec elle.

SCENE XIV.

CYANE, THEMIRE, LE SATYRE, *toujours enchaîné.*

LE SATYRE.

Mes beaux Enfans, par charité,
Procurez-moi la liberté :
Un fourbe ma mis à sa place.

THEMIRE.

Interrogeons ce malheureux.
Otez ses fers.

CYANE.

Oh, je crains son audace.

THEMIRE.

Bon, contre lui nous serons deux.

CYANE.

N'en disons rien à la Prêtresse,

(*à part*) Ah pour lui, malgré moi, la pitié m'intereſſe.

THEMIRE.

Il eſt affreux, ſa figure déplait :
Mais on ne doit jamais à ce que dit ma bonne,
Regarder au bien que l'on fait.

CYANE, *déliant le Satyre.*

Voyez donc s'il ne vient perſonne.

LE SATYRE.

AIR : No. 60. *Ah quel domage!*

Ah, l'on me retire,
D'un grand embaras!

CYANE, *après l'avoir délié.*

Loin d'ici, Satyre,
Vas porter tes pas.

LE SATYRE, *rit en regardant Cyane & Themire.*

Ah ah ah ah!
Quel domage,
De poſſeder tant d'apas,
Sans en faire uſage.

AIR : No. 61. *La Chaſſe.*

Suivez-moi, Nymphes Printanieres,

Pour le prix de vos rares bontés,
L'Amour habite nos Tanierres ;
Nous rendrons homage à vos beautés.

CYANE.

Ne m'aproche pas Temeraire.

THEMIRE.

Ah ma Sœur ! que prétend-t'il faire ?

LE SATYRE.

AIR : N°. 62. *Il faut l'envoyer à l'Ecole.*

N'eſperez pas vous échaper.

CYANE.

La Prêtreſſe en ces lieux arrive.

LE SATYRE, *fuyant.*

Je m'eſquive ,
Je crois la voir prête à fraper.

SCENE

SCENE XV.

CYANE, THEMIRE.

CYANE, *continuant l'Air ci-dessus.*

J'Ai bien-tôt fait sauver le drole,
Ah comme il s'enfuit à ce nom,
Le Poltron!
Il faut l'envoyer à l'école.

THEMIRE.

Je viens d'avoir un peur sans pareille.
Croyez-moi, rentrons à l'instant;
Mais emportons cette Corbeille,
Dont la Nymphe ma fait présent.

Elles veulent prendre la Corbeille de fleurs que les Esclaves d'Agenor ont aportée, l'Amour en sort.

Ma Sœur! ma Sœur! elle remuë!

CYANE, *fuyant.*

Ah! sauvons-nous.

THEMIRE, *étonnée n'a pas la force de fuir.*

Que je me sens émuë.

SCENE XVI.

L'AMOUR, THEMIRE.

L'AMOUR, *à part.*

AIR : No. 63. *Amis sans regretter Paris.*

ON prend un inutile soin,
Pour se mettre en défence,
L'Amour lors qu'on le croit bien loin,
Est plus près qu'on ne pense.

THEMIRE, *considerant les Aîles de l'Amour.*

AIR : No. 64. *Qu'il est drole, ah qu'il est beau.*

Ah ah, qu'est-ce que je vois là,
Qui porte un si joli plumage!
Mais c'est un Oyseau que cela!
Je voudrois bien qu'il fut en cage.
Ah qu'il est drôle, ah qu'il est beau,
L'aimable Oyseau!

AIR : No. 65. *J'étois perduë.*

Donnez la pate, mon Mignon,
Oyseau que j'admire.
N'est-ce pas un Perroquet?

L'AMOUR.

Non,
Aimable Themire,
Je suis le Dieu des Amours.

THEMIRE, *effrayée.*

Ah, m'y serois-je attenduë!
Ciel, il avance, au secours,
Je suis . . . je suis perduë.

L'AMOUR.

AIR : N°. 66. *Des routes du Monde.*

Rassurez-vous charmant objet,
Vous vous allarmez sans sujet.

THEMIRE, *avec défiance.*

Pensez-vous qu'ainsi l'on m'endorme ?
J'ai peur . . . .

L'AMOUR.

Qu'examinez-vous tant ?

THEMIRE.

Si vous ne prenez point la forme
D'une Chenille, ou d'un Serpent.

L'AMOUR.

AIR : No. 67. *De tous tems le Jardinage,*

En croyez-vous Severine ?
Sa vertu devient chagrine,
Par la perte des plaisirs :
Elle en craint jusqu'à l'image,
Ces plaisirs sont de vôtre âge,
N'en croyez que vos desirs.

❀

AIR : No. 68. *Ouï da, ouï da, qui s'y fieroit.*

Voulez-vous voir l'objet aimable
Qui vous a présenté des Fleurs ?

THEMIRE, *vivement.*

Oh ouï.

L'AMOUR.

Je veux unir vos Cœurs.

THEMIRE.

Quoi, vous me seriez favorable !
A vos discours qui se fi'roit,
Peut-être se repentiroit.

❀

L'AMOUR.

AIR : No. 69. *Par la vertu tu tu de ma Baguette.*

A vos Vœux je m'interesse,
Je vous l'amène à l'instant,
Mon Enfant.
Pour gage de ma Promesse,

Prenez ce trait.

THEMIRE, *Prend le trait que l'Amour lui présente & s'en pique en l'examinant.*

Je le prends,
Qu'il est pointu tu tu tu, aye, il me blesse:
Je me suis piquée en le touchant.

L'AMOUR.

AIR : N°. 70. *Je suis, je suis malade d'Amour.*

(à part) Je ris du trouble où la voilà,
A mon pouvoir tout cede.
(à Themire) Allez, cela se guérira,
Moyennant un peu d'aide:
Adieu, Themire, à ce bobo l'à,
Nous trouverons remede.

SCENE XVII.

THEMIRE, *seul.*

AIR : N°. 71. *Ah maman je suis perdue.*

AH grands Dieux quel traits de flâme,
Vient de penetrer, mon ame !
Je sens palpiter mon Cœur,
Je succombe à ma langueur :
Le courage m'abandonne,
Ah, ma bonne,
Accourez, je meurs helas,
Venez, venez ... (*apercevant Agenor*) non, non, non, non, ne venez pas, ne venez pas, ne venez pas.

SCENE XVIII.

AGENOR, THEMIRE.

AGENOR.

QUoi je vous trouve seule ! oh, flateuse esperance!

THEMIRE.

Chere amie, aprochez, que vôtre aspect m'est doux!
Pour soulager ma peine, il falloit la présence
D'une Nymphe telle que vous.

AGENOR.

Telle que moi!

THEMIRE.

Je le ſais de ma bonne,
Vous êtes une Nymphe.

AGENOR.

Non.
De vous tromper je la ſoupçonne
Et je penetre ſa raiſon.

AIR : No. 72. *Ah vrayment je m'y connoîs bien.*

Je ſuis, s'il faut le dire encore,
Un tendre Amant qui vous adore.

THEMIRE.

Vous un Amant! il n'en eſt rien,
Ah vrayment, je m'y connois bien.

Ne raillez point mon innocence,
Qu'elle excite vôtre pitié;
Ne trompez point ma confiance,
Au nom de la tendre amitié.
Je connois les Amans, rien n'eſt plus effroyable?
Ils ſont méchants & laids.. vous avez l'air ſi doux..
Non, je ne ſais point parmi nous,

De Nymphe plus aimable,
Et qui me plaiſe autant que vous.

AGENOR.

Que cet aveu m'eſt favorable!

AIR: N°. 73. *La Ceinture.*

Croyez-moi, je ſuis un Amant . . .
Ce diſcours vous paroît étrange!
N'en doutez plus, objet charmant,
Et vous ne perdrez point au change.

THEMIRE.

Vous ſeriez un Amant! dites moi, ſans détour,
Qu'eſt-ce donc qui differentie
Les Amans des Nymphes?

AGENOR.

L'Amour.

THEMIRE.

L'Amour! Eh comment je vous prie?

AGENOR.

AIR: N°. 74. *Voilà la difference.*

Il vous fit pour vous charmer,
Et nous, pour vous enflâmer,

Voilà

Voilà la ressemblance :
Vous regnez par ses attraits,
Nous triomphons par ses traits,
Voilà la difference.

THEMIRE.

Je ne puis vous comprendre encore ;
Mais bien-tôt mon esprit sera plus éclairé :
Le sentiment dans mon Cœur vient d'éclore,
En vous voyant, un pouvoir que j'ignore,
Le develope par dégré.

AGENOR.

AIR : N°. 75. *Des petits riens.*

Le tendre Amour
A pris pitié de mon martyre,
Le tendre Amour
Vous a soûmise à son empire :
Vôtre Cœur s'agite, & soupire,
Et j'obtiens enfin du retour ;
A nos feux, connoissez, Themire,
Le tendre Amour.

THEMIRE.

Helas, d'un de ses traits je viens de me blesser,

Celà me cause mille allarmes.

Lui montrant la piquure qu'elle s'est faite au doigt.

Tenez, voyez.

AGENOR, *lui baisant la main.*

Je vais faire passer . . . .

THEMIRE.

Oh Dieu, que sens-je . . . Par quels charmes . . .

AIR: N°. 76. *Donnez-m'en encore autant.*

Que l'effet en est puissant!
Ma douleur est affoiblie,
Déja même je l'oublie,
Tant j'ai de soulagement:
Donnez-m'en je vous suplie,
Donnez-m'en encor autant.

AGENOR, *lui baisant la main.*

Eprouvez, éprouvez, ô ma chere Maîtresse,
Que l'Amour ne nous blesse,
Que pour faire nôtre bonheur.

THEMIRE, *émuë.*

Je sens que le plaisir succede à ma douleur . . .
Je sens une subtile yvresse . . .

Vous êtes un Amant, je le sens à mon Cœur ;
Mais dois-je en croire ma tendresse ?...
On dit qu'un Amant est trompeur ...
Je me souviens envain que la Prêtresse
M'a prédit le plus grand malheur.

AIR : No. 77. *Arrachez de mon Cœur.*

Les dangers, les horreurs que sa menace étale,
Hélas, en ces instans, ne peuvent m'émouvoir:
La rigueur des Tourmens pouroit-elle être égale
Au ravissant plaisir que je goute à vous voir ?

AGENOR.

AIR : No. 78. *Enfans de la Paix.*

Livrez vôtre Cœur,
Belle Themire,
Au charmant délire
Du plaisir vainqueur.
Si l'Amour sait nous seduire
Par de doux attraits,
Ce Dieu va nous conduire
A des biens parfaits :
Toûjours épris,
Sentons le prix
De l'yvresse de l'ame ;
Divine flâme !
Desirs renaissants !

Troublez toûjours nos ſens :
La vertu ſauvage
Voudroit vous allarmer ;
Mais au Printems de l'âge,
Tout nous peint l'Image
Du bonheur d'aimer.

AGENOR ET THEMIRE.

DUO.

AIR : No. 79.

Jouït-on de ſon être,
Amour, ſans vos faveurs ?
Vos feux nous font renaître,
Enflâmez, animez, nos Cœurs.

AGENOR.

Je ſais une ſecrette roûte,
Abandonnons ce funeſte ſejour;

On entend le bruit d'un cor de Chaſſe.

Mais quels ſons entens-je ? ah ſans doute,
Les Nymphes ont vaincu l'Amour :
Ce bruit annonce ſa déroute,
Qu'allons nous devenir ? hélas !

THEMIRE.

Ne craignez rien, je ne vous quitte pas.

SCENE XIX.

AGENOR, THEMIRE, L'AMOUR, SEVERINE, ET LES NYMPHES *Enchainées avec des Fleurs & désarmées.*

L'AMOUR.

AIR : No. 80. *Ah que la Forêt de Cythere.*

JE viens de prendre ma revanche
Sur les Nymphes de ce Canton.

Le Cor jouë le refrain.

En tout Pays ma Chasse est franche
Et rien n'évite Cupidon :

Le Cor acheve l'air.

THEMIRE.

Comment, Severine elle-même !
Quoi, l'Amour vous a prise ? ah ma joye est extrême.

AIR : N°. 81. *Entre l'Amour & la raiſon.*

Vous me diſiez que les Amans,
Ne nous cauſent que des Tourmens,
Et qu'en cedant à leur envie,
On trouvoit un affreux trépas;
La preuve que l'on n'en meurt pas,
C'eſt que je ſuis encore en vie.

AIR : N°. 82. *Et j'y pris bien du plaiſir.*

D'un Amant ſi doux, ſi tendre,
Quai-je à craindre de fatal ?
Si l'on cherche à nous ſurprendre,
Rendons le Bien pour le mal :
Si ce qu'il dit eſt menſonge,
L'erreur flâte mon deſir;
Je ne ſais ſi c'eſt un ſonge ;
Mais j'y prends bien du plaiſir.

SEVERINE.

AIR : N°. 15. *Bouchez Nayades.*

Dieux, que ce langage m'étonne!
Perfide, hé bien, je t'abandonne,
De Diane crains le couroux.

L'AMOUR.

Sans raiſon, vôtre eſprit murmure ;

De ſon choix n'accuſez que vous,
Son innocence, & la nature.

AIR : No. 83. *Baiſe moi donc me diſoit Blaiſe.*

(*A Themire & Agenor.*)

Que ſous ſes loix, l'Hymen vous range,

(*Aux Nymphes.*)

Allons, il faut qu'à l'inſtant je me vange,
Bleſſons chaque Nymphe en ce jour.

SEVERINE, *à l'Amour.*

Epargne des Nymphes que j'aime,
Retiens tes traits, cruel Amour,
Lance les plûtôt ſur moi même.

EGLE', *à la Prêtreſſe.*

AIR : No. 84. *Liſe au bord de la Seine.*

Ah, c'eſt trop de tendreſſe
Que vous avez pour nous.

CYANE, *à l'Amour.*

Reſpecte la Prêtreſſe,
Amour, que ton couroux
Sur nous porte ſes coups.

L'AMOUR.

AIR : No. 85. *Sur l'herbette joliette.*

J'aime ce debat charitable;
Mais vôtre ſort ſera ſemblable,
Amans, accourez à ma voix:
Sur l'herbette
Joliette,
Venez celebrer mes exploits.

ENTRE'E DE BERGERS ET DE SATYRES.

DIVERTISSEMENT.

L'Amour delie les Nymphes & les unit aux Amans.

AIR : N°. 86.

CRuele Severine,
Ta vertu farouche & chagrine,
Vouloit m'immoler en ce jour;
De cette rigueur inhumaine,
Tu vas porter la peine.
Je vais t'immoler à mon tour.

SEVERINE.

Ton couroux est legitime,
Satyre, perce mon Cœur,
J'ai trop bravé l'Amour vainqueur,
N'épargne pas sa Victime:

SEVERINE. (*ensemble*) LE SATYRE.

SEVERINE.	LE SATYRE.
S'il faut en goûtant ses attraits,	Ce n'est qu'en goutans ses attraits,
Expier mon offence;	Que tu pouras expier ton offence.
Je prendrai patience.	Il est tems que ma vengence
Que ta vengence	Lance
Lance	Ses traits.
Ses traits.	

ENTRE'E DE DEUX SATYRES ET DE LA NYMPHE GANGAN.

VAUDEVILLE.

SEVERINE.

Je voulois vaincre l'Amour,
Quelle erreur extrême!
Ce Dieu triomphe en ce jour,
De mon stratagême:
Dans les piéges qu'on lui tend,
Souvent soi-même on se prend:
La raison propose,
Et l'Amour dispose.

J'ai trouvé ce traître Enfant
Seul & sans défence,

J'allois d'un bras triomphant,
En prendre vengence;
Pour éviter ma fureur,
Il s'eſt ſauvé dans mon cœur:
La raiſon propoſe,
Et l'Amour diſpoſe.

AGENOR.

Il n'eſt point contre l'Amour,
De retraite sûre:
Fermez grille à double tour,
Bouchez les ſerures,
Vous ne parviendrez jamais,
A vous ſauver de ſes traits:
La raiſon propoſe,
Et l'Amour diſpoſe.

THEMIRE.

Ma bonne m'entretenoit
D'un honneur ſauvage,
La nature me tenoit
Un autre langage;
Le cœur ſeul m'a fait chercher
Ce qu'on vouloit me cacher:
La Bonne propoſe,
Et l'Amour diſpoſe.

CYANE.

J'ai vû l'Amour endormi,
Je bravai ſes charmes,
J'aprochai de l'ennemi,
Pour prendre ſes armes;
En voulant briſer ſes traits,
Je m'en bleſſai pour jamais:
La raiſon propoſe,
Et l'Amour diſpoſe.

EGLE'.

J'avois juré ſur l'Autel
De notre Déeſſe,
Par un ſerment ſolemnel,
De fuir la tendreſſe;
Mais, j'oubliai mon ſerment,
Dès que je vis un Amant:
La raiſon propoſe,
Et l'Amour diſpoſe.

LA NYMPHE GANGAN.

Je fuyois un jeune Amant,
De toute ma force;
Mais par malheur en courant,
Ahi, j'eus une entorce:
Le Galant me releva,
Qu'eſt-ce qu'il en arriva:
La vertu propoſe,
Et l'Amour diſpoſe.

FIN.

www.ingramcontent.com/pod-product-compliance
Ingram Content Group UK Ltd.
Pitfield, Milton Keynes, MK11 3LW, UK
UKHW031944260826
14628UKWH00004B/1835

9 782019 911744